Todos los libros de Linkgua Ediciones cuentan con modelos de Inteligencia Artificial entrenados por hispanistas. Pregúntale al chat de tu libro lo que desees acerca de la obra o su autor/a.

Para ebooks: Accede a nuestro modelo de IA a través de este enlace.

Para libros impresos: Escanea el código QR de la portada con tu dispositivo móvil.

Obtén análisis detallados de nuestros libros, resúmenes, respuestas a tus preguntas y accede a nuestras ediciones críticas generativas para una experiencia de lectura más enriquecedora.
La transparencia y el respeto hacia la autoría de las fuentes utilizadas son distintivos básicos de nuestro proyecto. Por ello, las respuestas ofrecen, mediante un sistema de citas, las fuentes con las que han sido elaboradas.

Federico García Lorca

Poeta en Nueva York

Edición de Jorge Cabezas

Barcelona 2024
Linkgua-ediciones.com

Créditos

Título original: Poeta en Nueva York.

© 2024, Red ediciones S.L.

e-mail: info@linkgua.com

Diseño de la colección: Michel Mallard.

ISBN rústica ilustrada: 978-84-9897-369-3.
ISBN tapa dura: 978-84-9007-034-5.
ISBN ebook: 978-84-9953-904-1.

Sumario

Brevísima presentación

La vida

Federico García Lorca (Fuente Vaqueros, Granada, 5 de junio de 1898-entre Víznar y Alfacar, 18 de agosto de 1936). España.

Poeta, dramaturgo y prosista. Adscrito a la llamada generación del 27, es el poeta de mayor influencia de la literatura española del siglo XX.

Nació en una familia de posición económica desahogada y fue bautizado con el nombre de Federico del Sagrado Corazón de Jesús García Lorca; su padre fue don Federico García Rodríguez, un hacendado, y su madre, doña Vicenta Lorca, una maestra de escuela que fomentó el gusto literario a su hijo.

Como estudiante fue algo irregular, abandonó la Facultad de Derecho de Granada para instalarse en la Residencia de Estudiantes de Madrid (1918-1928); y pasado un tiempo regresó a la Universidad de Granada donde se graduó como abogado.

En 1918 publicó su primer libro *Impresiones y paisajes*, costeado por su padre. En 1920 se estrenó su obra de teatro *El maleficio de la mariposa*, y en 1921 se publicó su *Libro de poemas*. En esta época frecuentó a los poetas de su generación: Jorge Guillén, Pedro Salinas, Gerardo Diego, Dámaso Alonso, Rafael Alberti, y sobre todo a Luis Buñuel y Salvador Dalí, a quien después le tributó *Oda a Salvador Dalí*. El pintor, por su parte, pintó los decorados de la pieza teatral *Mariana Pineda*.

Hacia 1928 Lorca publicó la revista literaria *Gallo*, de la cual salieron apenas dos números.

En 1929 se marchó a Nueva York. Para entonces se habían publicado, además de los libros ya citados, sus libros *Canciones* (1927) y el *Primer romancero gitano* (1928), su obra poética más célebre.

De su viaje a Nueva York nace el libro *Poeta en Nueva York*. De esta ciudad Lorca viajó en 1930 a La Habana, donde escribió parte de sus obras *Así pasen cinco años* y *El público*, ese año regresó a España donde fue recibido en Madrid con la noticia de que su farsa *La zapatera prodigiosa* estaba en escena.

En 1931 se instaura la Segunda República española y esta nombró a Fernando de los Ríos como Ministro de Instrucción Pública, quien fue el principal mecenas de Lorca durante esos años. García Lorca fue nombrado codirector de la compañía estatal de teatro La barraca donde produjo, dirigió, escribió, y adaptó varias obras teatrales. Escribió en este período *Bodas de Sangre*, *Yerma* y *Doña Rosita la soltera*.

En 1933 viajó a Argentina y su puesta en escena de *La dama boba* de Lope de Vega atrajo a más de sesenta mil personas. Entre este año y 1936 escribió *Diván de Tamarit*, *Llanto por Ignacio Sánchez Mejías*, *La casa de Bernarda Alba* y trabajó en *La destrucción de Sodoma*.

Tras el estallido de la Guerra Civil española, Lorca rehusó el exilio ofrecido por Colombia y México, cuyos embajadores previeron que el poeta pudiera ser víctima de un atentado.

Tras una denuncia anónima, el 16 de agosto de 1936 fue detenido en la casa de su amigo, el también poeta Luis Rosales, quien obtuvo la promesa de que sería puesto en libertad «si no existía denuncia en su contra». La orden de ejecución fue dada por el gobernador civil de Granada, José Valdés Guzmán. Valdés contaba con el visto bueno del general Queipo de Llano, a quien se consultó sobre qué hacer con Lorca. Parece que fue fusilado la madrugada del día 18 de agosto de 1936.

Poeta en Nueva York

Publicado póstumamente en 1940, pero escrito entre 1929-1930 en Nueva York, durante la residencia de Lorca como estudiante en la Universidad de Columbia, *Poeta en Nueva York* reúne poesías de indudable inspiración surrealista, aunque bastante más lúgubres que la mayor parte de sus poemas. Testigo de la Nueva York asolada por la pobreza tras el crack de 1929, Lorca escribe sobre la soledad y la desesperación en una ciudad de pesadilla donde deambulan seres oprimidos y reina la miseria. Buena parte de los poemas están dedicados a los negros estadounidenses, en particular a los habitantes del barrio de Harlem. El poemario concluye con dos odas, una de ellas dedicada al padre de la poesía estadounidense, Walt Whitman, y con dos valses para celebrar la partida de Nueva York, la llegada a La Habana y el encuentro con la animada música cubana, que transporta al poeta, y con él al lector, a las puertas de un lugar mucho más luminoso: el Sur.

A Bebé y Carlos Morla

Los poemas de este libro están escritos en la ciudad de Nueva York el año 1929-1930, en que el poeta vivió como estudiante en Columbia University.

F. G. L.

I. Poemas de la soledad en Columbia University

*Furia color de amor,
amor color de olvido.*

Luis Cernuda

Vuelta de paseo

Asesinado por el cielo,
entre las formas que van hacia la sierpe
y las formas que buscan el cristal,
dejaré caer mis cabellos.

Con el árbol de muñones que no canta
y el niño con el blanco rostro de huevo.

Con los animalitos de cabeza rota
y el agua harapienta de los pies secos.

Con todo lo que tiene cansancio sordomudo
y mariposa ahogada en el tintero.

Tropezando con mi rostro distinto de cada día.
¡Asesinado por el cielo!

1910

Intermedio

Aquellos ojos míos de mil novecientos diez
no vieron enterrar a los muertos,
ni la feria de ceniza del que llora por la madrugada,
ni el corazón que tiembla arrinconado como un caballito
de mar.

Aquellos ojos míos de mil novecientos diez
vieron la blanca pared donde orinaban las niñas,
el hocico del toro, la seta venenosa
y una luna incomprensible que iluminaba por los rincones
los pedazos de limón seco bajo el negro duro de las botellas.

Aquellos ojos míos en el cuello de la jaca,
en el seno traspasado de Santa Rosa dormida,
en los tejados del amor, con gemidos y frescas manos,
en un jardín donde los gatos se comían a las ranas.

Desván donde el polvo viejo congrega estatuas y musgos,
cajas que guardan silencio de cangrejos devorados
en el sitio donde el sueño tropezaba con su realidad.
Allí mis pequeños ojos.

No preguntarme nada. He visto que las cosas
cuando buscan su curso encuentran su vacío.
Hay un dolor de huecos por el aire sin gente
y en mis ojos criaturas vestidas ¡sin desnudo!

New York, agosto de 1929.

Fábula y rueda de los tres amigos

Enrique,
Emilio,
Lorenzo.

Estaban los tres helados:
Enrique por el mundo de las camas;
Emilio por el mundo de los ojos y las heridas de las manos,
Lorenzo por el mundo de las universidades sin tejados.

Lorenzo,
Emilio,
Enrique.

Estaban los tres quemados:
Lorenzo por el mundo de las hojas y las bolas de billar;
Emilio por el mundo de la sangre y los alfileres blancos,
Enrique por el mundo de los muertos y los periódicos
abandonados.

Lorenzo,

Emilio,
Enrique.
Estaban los tres enterrados:
Lorenzo en un seno de Flora;
Emilio en la yerta ginebra que se olvida en el vaso,
Enrique en la hormiga, en el mar y en los ojos vacíos de los
pájaros.

Lorenzo,

Emilio,
Enrique.
Fueron los tres en mis manos
tres montañas chinas,
tres sombras de caballo,
tres paisajes de nieve y una cabaña de azucenas
por los palomares donde la luna se pone plana bajo el gallo.

Uno

y uno
y uno.
Estaban los tres momificados,
con las moscas del invierno,
con los tinteros que orina el perro y desprecia el vilano,
con la brisa que hiela el corazón de todas las madres,
por los blancos derribos de Júpiter donde meriendan muerte
los borrachos.

Tres

y dos
y uno.
Los vi perderse llorando y cantando
por un huevo de gallina,
por la noche que enseñaba su esqueleto de tabaco,
por mi dolor lleno de rostros y punzantes esquirlas de luna,
por mi alegría de ruedas dentadas y látigos,
por mi pecho turbado por las palomas,
por mi muerte desierta con un solo paseante equivocado.

    Yo había matado la quinta luna
y bebían agua por las fuentes los abanicos y los aplausos.
Tibia leche encerrada de las recién paridas
agitaba las rosas con un largo dolor blanco.
Enrique,
Emilio,
Lorenzo.
Diana es dura,
pero a veces tiene los pechos nublados.
Puede la piedra blanca latir en la sangre del ciervo
y el ciervo puede soñar por los ojos de un caballo.

    Cuando se hundieron las formas puras
bajo el cri cri de las margaritas,
comprendí que me habían asesinado.
Recorrieron los cafés y los cementerios y las iglesias,
abrieron los toneles y los armarios,
destrozaron tres esqueletos para arrancar sus dientes de oro.
Ya no me encontraron.
¿No me encontraron?
No. No me encontraron.
Pero se supo que la sexta luna huyó torrente arriba,
y que el mar recordó ¡de pronto!,
los nombres de todos sus ahogados.

Tu infancia en Menton

Sí, tu niñez ya fábula de fuentes.
Jorge Guillén

Sí, tu niñez ya fábula de fuentes.
El tren y la mujer que llena el cielo.
Tu soledad esquiva en los hoteles
y tu máscara pura de otro signo.
Es la niñez del mar y tu silencio
donde los sabios vidrios se quebraban.
Es tu yerta ignorancia donde estuvo
mi torso limitado por el fuego.
Norma de amor te di, hombre de Apolo,
llanto con ruiseñor enajenado,
pero, pasto de ruina, te afilabas
para los breves sueños indecisos.
Pensamiento de enfrente, luz de ayer,
índices y señales del acaso.
Tu cintura de arena sin sosiego
atiende sólo rastros que no escalan.
Pero yo he de buscar por los rincones
tu alma tibia sin ti que no te entiende,
con el dolor de Apolo detenido
con que he roto la máscara que llevas.
Allí, león, allí furia del cielo,
te dejaré pacer en mis mejillas;
allí, caballo azul de mi locura,
pulso de nebulosa y minutero,
he de buscar las piedras de alacranes
y los vestidos de tu madre niña,

llanto de media noche y paño roto
que quitó luna de la sien del muerto.
Sí, tu niñez ya fábula de fuentes.
Alma extraña de mi hueco de venas,
te he de buscar pequeña y sin raíces.
¡Amor de siempre, amor, amor de nunca!
¡Oh, sí! Yo quiero. ¡Amor, amor! Dejadme.
No me tapen la boca los que buscan
espigas de Saturno por la nieve
o castran animales por un cielo,
clínica y selva de la anatomía.
Amor, amor, amor. Niñez del mar.
Tu alma tibia sin ti que no te entiende.
Amor, amor, un vuelo de la corza
por el pecho sin fin de la blancura.
Y tu niñez, amor, y tu niñez.
El tren y la mujer que llena el cielo.
Ni tú, ni yo, ni el aire, ni las hojas.
Sí, tu niñez ya fábula de fuentes.

II. Los negros

Para Ángel del Río

Norma y paraíso de los negros

Odian la sombra del pájaro
sobre el pleamar de la blanca mejilla
y el conflicto de luz y viento
en el salón de la nieve fría.

Odian la flecha sin cuerpo,
el pañuelo exacto de la despedida,
la aguja que mantiene presión y rosa
en el gramíneo rubor de la sonrisa.

Aman el azul desierto,
las vacilantes expresiones bovinas,
la mentirosa luna de los polos,
la danza curva del agua en la orilla.

Con la ciencia del tronco y del rastro
llenan de nervios luminosos la arcilla
y patinan lúbricos por aguas y arenas
gustando la amarga frescura de su milenaria saliva.

Es por el azul crujiente,
azul sin un gusano ni una huella dormida,
donde los huevos de avestruz quedan eternos
y deambulan intactas las lluvias bailarinas.

Es por el azul sin historia,
azul de una noche sin temor de día,
azul donde el desnudo del viento va quebrando
los camellos sonámbulos de las nubes vacías.

Es allí donde sueñan los torsos bajo la gula de la hierba.
Allí los corales empapan la desesperación de la tinta,
los durmientes borran sus perfiles bajo la madeja de los caracoles
y queda el hueco de la danza sobre las últimas cenizas.

Oda al rey de Harlem

Con una cuchara
arrancaba los ojos a los cocodrilos
y golpeaba el trasero de los monos.
Con una cuchara.

Fuego de siempre dormía en los pedernales
y los escarabajos borrachos de anís
olvidaban el musgo de las aldeas.

Aquel viejo cubierto de setas
iba al sitio donde lloraban los negros
mientras crujía la cuchara del rey
y llegaban los tanques de agua podrida.

Las rosas huían por los filos
de las últimas curvas del aire,
y en los montones de azafrán
los niños machacaban pequeñas ardillas
con un rubor de frenesí manchado.

Es preciso cruzar los puentes
y llegar al rubor negro
para que el perfume de pulmón
nos golpee las sienes con su vestido
de caliente piña.

Es preciso matar al rubio vendedor de aguardiente,
a todos los amigos de la manzana y de la arena,
y es necesario dar con los puños cerrados

a las pequeñas judías que tiemblan llenas de burbujas,
para que el rey de Harlem cante con su muchedumbre,
para que los cocodrilos duerman en largas filas
bajo el amianto de la luna,
y para que nadie dude de la infinita belleza
de los plumeros, los ralladores, los cobres y las cacerolas de
las cocinas.

    ¡Ay, Harlem! ¡Ay, Harlem! ¡Ay, Harlem!
¡No hay angustia comparable a tus rojos oprimidos,
a tu sangre estremecida dentro del eclipse oscuro,
a tu violencia granate sordomuda en la penumbra,
a tu gran rey prisionero con un traje de conserje!

* * *

    Tenía la noche una hendidura
y quietas salamandras de marfil.
Las muchachas americanas
llevaban niños y monedas en el vientre
y los muchachos se desmayaban
en la cruz del desperezo.

    Ellos son.
Ellos son los que beben el whisky de plata
junto a los volcanes
y tragan pedacitos de corazón,
por las heladas montañas del oso.

    Aquella noche el rey de Harlem,
con una durísima cuchara
arrancaba los ojos a los cocodrilos
y golpeaba el trasero de los monos.

Con una cuchara.
Los negros lloraban confundidos
entre paraguas y soles de oro,
los mulatos estiraban gomas, ansiosos de llegar al torso
blanco,
y el viento empañaba espejos
y quebraba las venas de los bailarines.

   Negros, Negros, Negros, Negros.

   La sangre no tiene puertas en vuestra noche boca arriba.
No hay rubor. Sangre furiosa por debajo de las pieles,
viva en la espina del puñal y en el pecho de los paisajes,
bajo las pinzas y las retamas de la celeste luna de Cáncer.

   Sangre que busca por mil caminos muertes enharinadas y
ceniza de nardo,
cielos yertos en declive, donde las colonias de planetas
rueden por las playas con los objetos abandonados.

   Sangre que mira lenta con el rabo del ojo,
hecha de espartos exprimidos, néctares de subterráneos.
Sangre que oxida el alisio descuidado en una huella
y disuelve a las mariposas en los cristales de la ventana.

   Es la sangre que viene, que vendrá
por los tejados y azoteas, por todas partes,
para quemar la clorofila de las mujeres rubias,
para gemir al pie de las camas ante el insomnio de los lavabos
y estrellarse en una aurora de tabaco y bajo amarillo.

   Hay que huir,

huir por las esquinas y encerrarse en los últimos pisos,
porque el tuétano del bosque penetrará por las rendijas
para dejar en vuestra carne una leve huella de eclipse
y una falsa tristeza de guante desteñido y rosa química.

*   *   *

Es por el silencio sapientísimo
cuando los camareros y los cocineros y los que limpian con
la lengua
las heridas de los millonarios
buscan al rey por las calles o en los ángulos del salitre.

Un viento sur de madera, oblicuo en el negro fango,
escupe a las barcas rotas y se clava puntillas en los hombros;
un viento sur que lleva
colmillos, girasoles, alfabetos
y una pila de Volta con avispas ahogadas.

El olvido estaba expresado por tres gotas de tinta sobre el
monóculo
el amor por un solo rostro invisible a flor de piedra.
Médulas y corolas componían sobre las nubes
un desierto de tallos sin una sola rosa.

*   *   *

A la izquierda, a la derecha, por el Sur y por el Norte,
se levanta el muro impasible
para el topo, la aguja del agua.
No busquéis, negros, su grieta
para hallar la máscara infinita.
Buscad el gran sol del centro
hechos una piña zumbadora.

El sol que se desliza por los bosques
seguro de no encontrar una ninfa,
el sol que destruye números y no ha cruzado nunca un sueño,
el tatuado sol que baja por el río
y muge seguido de caimanes.

Negros, Negros, Negros, Negros.

Jamás sierpe, ni cebra, ni mula
palidecieron al morir.
El leñador no sabe cuándo expiran
los clamorosos árboles que corta.
Aguardad bajo la sombra vegetal de vuestro rey
a que cicutas y cardos y ortigas tumben postreras azoteas.

Entonces, negros, entonces, entonces,
podréis besar con frenesí las ruedas de las bicicletas,
poner parejas de microscopios en las cuevas de las ardillas
y danzar al fin, sin duda, mientras las flores erizadas
asesinan a nuestro Moisés casi en los juncos del cielo.

¡Ay, Harlem disfrazada!
¡Ay, Harlem, amenazada por un gentío de trajes sin cabeza!
Me llega tu rumor,
me llega tu rumor atravesando troncos y ascensores,
a través de láminas grises,
donde flotan tus automóviles cubiertos de dientes,
a través de los caballos muertos y los crímenes diminutos,
a través de tu gran rey desesperado,
cuyas barbas llegan al mar.

Iglesia abandonada

Balada de la Gran Guerra

Yo tenía un hijo que se llamaba Juan.
Yo tenía un hijo.
Se perdió por los arcos un viernes de todos los muertos.
Le vi jugar en las últimas escaleras de la misa
y echaba un cubito de hojalata en el corazón del sacerdote.
He golpeado los ataúdes. ¡Mi hijo! ¡Mi hijo! ¡Mi hijo!
Saqué una pata de gallina por detrás de la luna y luego,
comprendí que mi niña era un pez
por donde se alejan las carretas.
Yo tenía una niña.
Yo tenía un pez muerto bajo las cenizas de los incensarios.
Yo tenía un mar. ¿De qué? ¡Dios mío! ¡Un mar!
Subí a tocar las campanas, pero las frutas tenían gusanos
y las cerillas apagadas
se comían los trigos de la primavera.
Yo vi la transparente cigüeña de alcohol
mondar las negras cabezas de los soldados agonizantes
y vi las cabañas de goma
donde giraban las copas llenas de lágrimas.
En las anémonas del ofertorio te encontraré, ¡corazón mío!,
cuando el sacerdote levanta la mula y el buey con sus fuertes
brazos
para espantar los sapos nocturnos que rondan los helados
paisajes del cáliz.
Yo tenía un hijo que era un gigante,
pero los muertos son más fuertes y saben devorar pedazos
de cielo.

Si mi niño hubiera sido un oso,
yo no temería el sigilo de los caimanes,
ni hubiese visto al mar amarrado a los árboles
para ser fornicado y herido por el tropel de los regimientos.
¡Si mi niño hubiera sido un oso!
Me envolveré sobre esta lona dura para no sentir el frío de
los musgos.
Sé muy bien que me darán una manga o la corbata;
pero en el centro de la misa yo romperé el timón y entonces
vendrá a la piedra la locura de pingüinos y gaviotas
que harán decir a los que duermen y a los que cantan por las
esquinas:
él tenía un hijo.
¡Un hijo! ¡Un hijo! ¡Un hijo
que no era más que suyo, porque era su hijo!
¡Su hijo! ¡Su hijo! ¡Su hijo!

III. Calles y sueños

A Rafael R. Rapún

Un pájaro de papel en el pecho
dice que el tiempo de los besos no ha llegado.
Vicente Aleixandre

Danza de la muerte

El mascarón. ¡Mirad el mascarón!
¡Cómo viene del África a New York!

Se fueron los árboles de la pimienta,
los pequeños botones de fósforo.
Se fueron los camellos de carne desgarrada
y los valles de luz que el cisne levantaba con el pico.

Era el momento de las cosas secas,
de la espiga en el ojo y el gato laminado,
del óxido de hierro de los grandes puentes
y el definitivo silencio del corcho.

Era la gran reunión de los animales muertos,
traspasados por las espadas de la luz;
la alegría eterna del hipopótamo con las pezuñas de ceniza
y de la gacela con una siempreviva en la garganta.

En la marchita soledad sin honda
el abollado mascarón danzaba.
Medio lado del mundo de arena,
mercurio y sol dormido el otro medio.

El mascarón. ¡Mirad el mascarón!
¡Arena, caimán y miedo sobre Nueva York!

* * *

Desfiladeros de cal aprisionaban un cielo vacío
donde sonaban las voces de los que mueren bajo el guano.

Un cielo mondado y puro, idéntico a sí mismo,
con el bozo y lirio agudo de sus montañas invisibles,

acabó con los más leves tallitos del canto
y se fue al diluvio empaquetado de la savia,
a través del descanso de los últimos desfiles,
levantando con el rabo pedazos de espejo.

Cuando el chino lloraba en el tejado
sin encontrar el desnudo de su mujer
y el director del banco observando el manómetro
que mide el cruel silencio de la moneda,
el mascarón llegaba al Wall Street.

No es extraño para la danza
este columbario que pone los ojos amarillos.
De la esfinge a la caja de caudales hay un hilo tenso
que atraviesa el corazón de todos los niños pobres.
El ímpetu primitivo baila con el ímpetu mecánico,
ignorantes en su frenesí de la luz original.
Porque si la rueda olvida su fórmula,
ya puede cantar desnuda con las manadas de caballos:
y si una llama quema los helados proyectos,
el cielo tendrá que huir ante el tumulto de las ventanas.

No es extraño este sitio para la danza, yo lo digo.
El mascarón bailará entre columnas de sangre y de números,
entre huracanes de oro y gemidos de obreros parados
que aullarán, noche oscura, por tu tiempo sin luces,
¡oh salvaje Norteamérica!, ¡oh impúdica!, ¡oh salvaje,
tendida en la frontera de la nieve!

* * *

Yo estaba en la terraza luchando con la luna.
Enjambres de ventanas acribillaban un muslo de la noche.
En mis ojos bebían las dulces vacas de los cielos.
Y las brisas de largos remos
golpeaban los cenicientos cristales de Broadway.

La gota de sangre buscaba la luz de la yema del astro
para fingir una muerta semilla de manzana.
El aire de la llanura, empujado por los pastores,
temblaba con un miedo de molusco sin concha.

Pero no son los muertos los que bailan,
estoy seguro.
Los muertos están embebidos, devorando sus propias manos.
Son los otros los que bailan con el mascarón y su vihuela;
son los otros, los borrachos de plata, los hombres fríos,
los que crecen en el cruce de los muslos y llamas duras,
los que buscan la lombriz en el paisaje de las escaleras,
los que beben en el banco lágrimas de niña muerta
o los que comen por las esquinas diminutas pirámides del
alba.

¡Que no baile el Papa!
¡No, que no baile el Papa!
Ni el Rey,
ni el millonario de dientes azules,
ni las bailarinas secas de las catedrales,
ni constructores, ni esmeraldas, ni locos, ni sodomitas.

Sólo este mascarón,
este mascarón de vieja escarlatina,
¡sólo este mascarón!

Que ya las cobras silbarán por los últimos pisos,
que ya las ortigas estremecerán patios y terrazas,
que ya la Bolsa será una pirámide de musgo,
que ya vendrán lianas después de los fusiles
y muy pronto, muy pronto, muy pronto.
¡Ay, Wall Street!

El mascarón. ¡Mirad el mascarón!
¡Cómo escupe veneno de bosque
por la angustia imperfecta de Nueva York!

Diciembre, 1929.

Paisaje de la multitud que vomita

Anochecer de Coney Island

   La mujer gorda venía delante
arrancando las raíces y mojando el pergamino de los
tambores:
la mujer gorda
que vuelve del revés los pulpos agonizantes.
La mujer gorda, enemiga de la luna,
corría por las calles y los pisos deshabitados
y dejaba por los rincones pequeñas calaveras de paloma
y levantaba las furias de los banquetes de los siglos últimos
y llamaba al demonio del pan por las colinas del cielo barrido
y filtraba un ansia de luz en las circulaciones subterráneas.
Son los cementerios, lo sé, son los cementerios
y el dolor de las cocinas enterradas bajo la arena,
son los muertos, los faisanes y las manzanas de otra hora
los que nos empujan en la garganta.

   Llegaban los rumores de la selva del vómito
con las mujeres vacías, con niños de cera caliente,
con árboles fermentados y camareros incansables
que sirven platos de sal bajo las arpas de la saliva.
Sin remedio, hijo mío, ¡vomita! No hay remedio.
No es el vómito de los húsares sobre los pechos de la
prostituta,
ni el vómito del gato que se tragó una rana por descuido.
Son los muertos que arañan con sus manos de tierra
las puertas de pedernal donde se pudren nublos y postres.

La mujer gorda venía delante
con las gentes de los barcos, de las tabernas y de los jardines.
El vómito agitaba delicadamente sus tambores
entre algunas niñas de sangre
que pedían protección a la luna.
¡Ay de mí! ¡Ay de mí! ¡Ay de mí!
Esta mirada mía fue mía, pero ya no es mía,
esta mirada que tiembla desnuda por el alcohol
y despide barcos increíbles
por las anémonas de los muelles.
Me defiendo con esta mirada
que mana de las ondas por donde el alba no se atreve,
yo, poeta sin brazos, perdido
entre la multitud que vomita,
sin caballo efusivo que corte
los espesos musgos de mis sienes.

Pero la mujer gorda seguía delante
y la gente buscaba las farmacias
donde el amargo trópico se fija.
Sólo cuando izaron la bandera y llegaron los primeros canes
la ciudad entera se agolpó en las barandillas del embarcadero.

New York, 29 de diciembre de 1929.

Paisaje de la multitud que orina

Nocturno de Battery Place

  Se quedaron solos:
aguardaban la velocidad de las últimas bicicletas.
Se quedaron solas:
esperaban la muerte de un niño en el velero japonés.
Se quedaron solos y solas
soñando con los picos abiertos de los pájaros agonizantes,
con el agudo quitasol que pincha
al sapo recién aplastado,
bajo un silencio con mil orejas
y diminutas bocas de agua
en los desfiladeros que resisten
el ataque violento de la luna.
Lloraba el niño del velero y se quebraban los corazones
angustiados por el testigo y la vigilia de todas las cosas
y porque todavía en el suelo celeste de negras huellas
gritaban nombres oscuros, salivas y radios de níquel.
No importa que el niño calle cuando le clavan el último alfiler,
no importa la derrota de la brisa en la corola del algodón,
porque hay un mundo de la muerte con marineros definitivos
que se asomarán a los arcos y os helarán por detrás de los árboles.
Es inútil buscar el recodo
donde la noche olvida su viaje
y acechar un silencio que no tenga
trajes rotos y cáscaras y llanto,
porque tan sólo el diminuto banquete de la araña

basta para romper el equilibrio de todo el cielo.
No hay remedio para el gemido del velero japonés,
ni para estas gentes ocultas que tropiezan con las esquinas.
El campo se muerde la cola para unir las raíces en un punto
y el ovillo busca por la grama su ansia de longitud insatisfecha.
¡La luna! Los policías. ¡Las sirenas de los transatlánticos!
Fachadas de crin, de humo; anémonas, guantes de goma.
Todo está roto por la noche,
abierta de piernas sobre las terrazas.
Todo está roto por los tibios caños
de una terrible fuente silenciosa.
¡Oh gentes! ¡Oh mujercillas! ¡Oh soldados!
Será preciso viajar por los ojos de los idiotas,
campos libres donde silban mansas cobras deslumbradas,
paisajes llenos de sepulcros que producen fresquísimas
manzanas,
para que venga la luz desmedida
que temen los ricos detrás de sus lupas,
el olor de un solo cuerpo con la doble vertiente de lis y rata
y para que se quemen estas gentes que pueden orinar
alrededor de un gemido
o en los cristales donde se comprenden las olas nunca
repetidas.

Asesinato

Dos voces de madrugada en Riverside Drive

¿Cómo fue?
-Una grieta en la mejilla.
¡Eso es todo!
Una uña que aprieta el tallo.
Un alfiler que bucea
hasta encontrar las raicillas del grito.
Y el mar deja de moverse.
-*¿Cómo, cómo fue?*
-Así.
-*¡Déjame! ¿De esa manera?*
-Sí.
El corazón salió solo.
-*¡Ay, ay de mí!*

Navidad en el Hudson

¡Esa esponja gris!
Ese marinero recién degollado.
Ese río grande.
Esa brisa de límites oscuros.
Ese filo, amor, ese filo.
Estaban los cuatro marineros luchando con el mundo,
con el mundo de aristas que ven todos los ojos,
con el mundo que no se puede recorrer sin caballos.
Estaban uno, cien, mil marineros,
luchando con el mundo de las agudas velocidades,
sin enterarse de que el mundo
estaba solo por el cielo.

El mundo solo por el cielo solo.
Son las colinas de martillos y el triunfo de la hierba espesa.
Son los vivísimos hormigueros y las monedas en el fango.
El mundo solo por el cielo solo
y el aire a la salida de todas las aldeas.

Cantaba la lombriz el terror de la rueda
y el marinero degollado
cantaba el oso de agua que lo había de estrechar;
y todos cantaban aleluya,
aleluya. Cielo desierto.
Es lo mismo, ¡lo mismo!, aleluya.

He pasado toda la noche en los andamios de los arrabales
dejándome la sangre por la escayola de los proyectos,
ayudando a los marineros a recoger las velas desgarradas.

Y estoy con las manos vacías en el rumor de la desembocadura.
No importa que cada minuto
un niño nuevo agite sus ramitos de venas,
ni que el parto de la víbora, desatado bajo las ramas,
calme la sed de sangre de los que miran el desnudo.
Lo que importa es esto: hueco. Mundo solo. Desembocadura.
Alba no. Fábula inerte.
Sólo esto: Desembocadura.
¡Oh esponja mía gris!
¡Oh cuello mío recién degollado!
¡Oh río grande mío!
¡Oh brisa mía de límites que no son míos!
¡Oh filo de mi amor, oh hiriente filo!

New York, 27 de diciembre de 1929.

Ciudad sin sueño

Nocturno del Brooklyn Bridge

   No duerme nadie por el cielo. Nadie, nadie.
No duerme nadie.
Las criaturas de la luna huelen y rondan sus cabañas.
Vendrán las iguanas vivas a morder a los hombres que no
sueñan
y el que huye con el corazón roto encontrará por las esquinas
al increíble cocodrilo quieto bajo la tierna protesta de los
astros.

   No duerme nadie por el mundo. Nadie, nadie.
No duerme nadie.
Hay un muerto en el cementerio más lejano
que se queja tres años
porque tiene un paisaje seco en la rodilla;
y el niño que enterraron esta mañana lloraba tanto
que hubo necesidad de llamar a los perros para que callase.

   No es sueño la vida. ¡Alerta! ¡Alerta! ¡Alerta!
Nos caemos por las escaleras para comer la tierra húmeda
o subimos al filo de la nieve con el coro de las dalias muertas.
Pero no hay olvido, ni sueño:
carne viva. Los besos atan las bocas
en una maraña de venas recientes
y al que le duele su dolor le dolerá sin descanso
y al que teme la muerte la llevará sobre sus hombros.

   Un día

Los caballos vivirán en las tabernas
y las hormigas furiosas
atacarán los cielos amarillos que se refugian en los ojos de
las vacas.

  Otro día
veremos la resurrección de las mariposas disecadas
y aun andando por un paisaje de esponjas grises y barcos
mudos
veremos brillar nuestro anillo y manar rosas de nuestra
lengua.
¡Alerta! ¡Alerta! ¡Alerta!
A los que guardan todavía huellas de zarpa y aguacero,
a aquel muchacho que llora porque no sabe la invención del
puente
o a aquel muerto que ya no tiene más que la cabeza y un
zapato,
hay que llevarlos al muro donde iguanas y sierpes esperan,
donde espera la dentadura del oso,
donde espera la mano momificada del niño
y la piel del camello se eriza con un violento escalofrío azul.

  No duerme nadie por el cielo. Nadie, nadie.
No duerme nadie.
Pero si alguien cierra los ojos,
¡azotadlo, hijos míos, azotadlo!
Haya un panorama de ojos abiertos
y amargas llagas encendidas.
No duerme nadie por el mundo. Nadie, nadie.
Ya lo he dicho.
No duerme nadie.

Pero si alguien tiene por la noche exceso de musgo en las
sienes,
abrid los escotillones para que vea bajo la luna
las copas falsas, el veneno y la calavera de los teatros.

Panorama ciego de Nueva York

Si no son los pájaros
cubiertos de ceniza,
si no son los gemidos que golpean las ventanas de la boda,
serán las delicadas criaturas del aire
que manan la sangre nueva por la oscuridad inextinguible.
Pero no, no son los pájaros,
porque los pájaros están a punto de ser bueyes;
pueden ser rocas blancas con la ayuda de la luna
y son siempre muchachos heridos
antes de que los jueces levanten la tela.

Todos comprenden el dolor que se relaciona con la muerte,
pero el verdadero dolor no está presente en el espíritu.
No está en el aire ni en nuestra vida,
ni en estas terrazas llenas de humo.
El verdadero dolor que mantiene despiertas las cosas
es una pequeña quemadura infinita
en los ojos inocentes de los otros sistemas.

Un traje abandonado pesa tanto en los hombros
que muchas veces el cielo los agrupa en ásperas manadas.
Y las que mueren de parto saben en la última hora
que todo rumor será piedra y toda huella latido.
Nosotros ignoramos que el pensamiento tiene arrabales
donde el filósofo es devorado por los chinos y las orugas.
Y algunos niños idiotas han encontrado por las cocinas
pequeñas golondrinas con muletas
que sabían pronunciar la palabra amor.

No, no son los pájaros.
No es un pájaro el que expresa la turbia fiebre de laguna,
ni el ansia de asesinato que nos oprime cada momento,
ni el metálico rumor de suicidio que nos anima cada
madrugada.
Es una cápsula de aire donde nos duele todo el mundo,
es un pequeño espacio vivo al loco unisón de la luz,
es una escala indefinible donde las nubes y rosas olvidan
el griterío chino que bulle por el desembarcadero de la sangre.
Yo muchas veces me he perdido
para buscar la quemadura que mantiene despiertas las cosas
y sólo he encontrado marineros echados sobre las barandillas
y pequeñas criaturas del cielo enterradas bajo la nieve.
Pero el verdadero dolor estaba en otras plazas
donde los peces cristalizados agonizaban dentro de los
troncos;
plazas del cielo extraño para las antiguas estatuas ilesas
y para la tierna intimidad de los volcanes.

No hay dolor en la voz. Sólo existen los dientes,
pero dientes que callarán aislados por el raso negro.
No hay dolor en la voz. Aquí sólo existe la Tierra.
La tierra con sus puertas de siempre
que llevan al rubor de los frutos.

Nacimiento de Cristo

Un pastor pide teta por la nieve que ondula
blancos perros tendidos entre linternas sordas.
El Cristito de barro se ha partido los dedos
en los filos eternos de la madera rota.

¡Ya vienen las hormigas y los pies ateridos!
Dos hilillos de sangre quiebran el cielo duro.
Los vientres del demonio resuenan por los valles
golpes y resonancias de carne de molusco.

Lobos y sapos cantan en las hogueras verdes
coronadas por vivos hormigueros del alba.
La luna tiene un sueño de grandes abanicos
y el toro sueña un toro de agujeros y de agua.

El niño llora y mira con un tres en la frente.
San José ve en el heno tres espinas de bronce.
Los pañales exhalan un rumor de desierto
con cítaras sin cuerdas y degolladas voces.

La nieve de Manhattan empuja los anuncios
y lleva gracia pura por las falsas ojivas.
Sacerdotes idiotas y querubes de pluma
van detrás de Lutero por las altas esquinas.

La aurora

La aurora de Nueva York tiene
cuatro columnas de cieno
y un huracán de negras palomas
que chapotean las aguas podridas.

La aurora de Nueva York gime
por las inmensas escaleras
buscando entre las aristas
nardos de angustia dibujada.

La aurora llega y nadie la recibe en su boca
porque allí no hay mañana ni esperanza posible.
A veces las monedas en enjambres furiosos
taladran y devoran abandonados niños.

Los primeros que salen comprenden con sus huesos
que no habrá paraíso ni amores deshojados;
saben que van al cieno de números y leyes,
a los juegos sin arte, a sudores sin fruto.

La luz es sepultada por cadenas y ruidos
en impúdico reto de ciencia sin raíces.
Por los barrios hay gentes que vacilan insomnes
como recién salidas de un naufragio de sangre.

IV. Poemas del lago Eden Mills

A Eduardo Ugarte

Poema doble del lago Eden

Nuestro ganado pace, el viento espira.

Garcilaso

Era mi voz antigua
ignorante de los densos jugos amargos.
La adivino lamiendo mis pies
bajo los frágiles helechos mojados.

¡Ay voz antigua de mi amor,
ay voz de mi verdad,
ay voz de mi abierto costado,
cuando todas las rosas manaban de mi lengua
y el césped no conocía la impasible dentadura del caballo!

Estás aquí bebiendo mi sangre,
bebiendo mi humor de niño pesado,
mientras mis ojos se quiebran en el viento
con el aluminio y las voces de los borrachos.

Déjame pasar la puerta
donde Eva come hormigas
y Adán fecunda peces deslumbrados.
Déjame pasar hombrecillos de los cuernos
al bosque de los desperezos
y los alegrísimos saltos.

Yo sé el uso más secreto
que tiene un viejo alfiler oxidado

y sé del horror de unos ojos despiertos
sobre la superficie concreta del plato.

Pero no quiero mundo ni sueño, voz divina,
quiero mi libertad, mi amor humano
en el rincón más oscuro de la brisa que nadie quiera.
¡Mi amor humano!

Esos perros marinos se persiguen
y el viento acecha troncos descuidados.
¡Oh voz antigua, quema con tu lengua
esta voz de hojalata y de talco!

Quiero llorar porque me da la gana
como lloran los niños del último banco,
porque yo no soy un hombre, ni un poeta, ni una hoja,
pero sí un pulso herido que sonda las cosas del otro lado.

Quiero llorar diciendo mi nombre,
rosa, niño y abeto a la orilla de este lago,
para decir mi verdad de hombre de sangre
matando en mí la burla y la sugestión del vocablo.

No, no, yo no pregunto, yo deseo,
voz mía libertada que me lames las manos.
En el laberinto de biombos es mi desnudo el que recibe
la luna de castigo y el reloj encenizado.

Así hablaba yo.
Así hablaba yo cuando Saturno detuvo los trenes
y la bruma y el Sueño y la Muerte me estaban buscando.
Me estaban buscando

allí donde mugen las vacas que tienen patitas de paje
y allí donde flota mi cuerpo entre los equilibrios contrarios.

Cielo vivo

Yo no podré quejarme
si no encontré lo que buscaba.
Cerca de las piedras sin jugo y los insectos vacíos
no veré el duelo del sol con las criaturas en carne viva.

Pero me iré al primer paisaje
de choques, líquidos y rumores
que trasmina a niño recién nacido
y donde toda superficie es evitada,
para entender que lo que busco tendrá su blanco de alegría
cuando yo vuele mezclado con el amor y las arenas.

Allí no llega la escarcha de los ojos apagados
ni el mugido del árbol asesinado por la oruga.
Allí todas las formas guardan entrelazadas
una sola expresión frenética de avance.

No puedes avanzar por los enjambres de corolas
porque el aire disuelve tus dientes de azúcar,
ni puedes acariciar la fugaz hoja del helecho
sin sentir el asombro definitivo del marfil.

Allí bajo las raíces y en la médula del aire
se comprende la verdad de las cosas equivocadas,
el nadador de níquel que acecha la onda más fina
y el rebaño de vacas nocturnas con rojas patitas de mujer.

Yo no podré quejarme
si no encontré lo que buscaba;

pero me iré al primer paisaje de humedades y latidos
para entender que lo que busco tendrá su blanco de alegría
cuando yo vuele mezclado con el amor y las arenas.

Vuelo fresco de siempre sobre lechos vacíos,
sobre grupos de brisas y barcos encallados.
Tropiezo vacilante por la dura eternidad fija
y amor al fin sin alba. Amor. ¡Amor visible!

Eden Mills, Vermont, 24 de agosto de 1929.

V. En la cabaña del Farmer

Campo de Newburg

A Concha Méndez
y Manuel Altolaguirre

El niño Stanton

Do you like me?
-Yes, and you?
-Yes, yes.

Cuando me quedo solo
me quedan todavía tus diez años,
los tres caballos ciegos,
tus quince rostros con el rostro de la pedrada
y las fiebres pequeñas heladas sobre las hojas del maíz.
Stanton, hijo mío, Stanton.
A las doce de la noche el cáncer salía por los pasillos
y hablaba con los caracoles vacíos de los documentos,
el vivísimo cáncer lleno de nubes y termómetros
con su casto afán de manzana para que lo piquen los
ruiseñores.
En la casa donde no hay un cáncer
se quiebran las blancas paredes en el delirio de la astronomía
y por los establos más pequeños y en las cruces de los bosques
brilla por muchos años el fulgor de la quemadura.
Mi dolor sangraba por las tardes
cuando tus ojos eran dos muros,
cuando tus manos eran dos países
y mi cuerpo rumor de hierba.
Mi agonía buscaba su traje,
polvorienta, mordida por los perros,
y tú la acompañaste sin temblar
hasta la puerta del agua oscura.
¡Oh mi Stanton, idiota y bello entre los pequeños animalitos,
con tu madre fracturada por los herreros de las aldeas,

con un hermano bajo los arcos,
otro comido por los hormigueros,
y el cáncer sin alambradas latiendo por las habitaciones!
Hay nodrizas que dan a los niños
ríos de musgo y amargura de pie
y algunas negras suben a los pisos para repartir filtro de rata.
Porque es verdad que la gente
quiere echar las palomas a las alcantarillas
y yo sé lo que esperan los que por la calle
nos oprimen de pronto las yemas de los dedos.

Tu ignorancia es un monte de leones, Stanton.
El día que el cáncer te dio una paliza
y te escupió en el dormitorio donde murieron los huéspedes
en la epidemia
y abrió su quebrada rosa de vidrios secos y manos blandas
para salpicar de lodo las pupilas de los que navegan,
tú buscaste en la hierba mi agonía,
mi agonía con flores de terror,
mientras que el agrio cáncer mudo que quiere acostarse
contigo
pulverizaba rojos paisajes por las sábanas de amargura,
y ponía sobre los ataúdes
helados arbolitos de ácido bórico.
Stanton, vete al bosque con tus arpas judías,
vete para aprender celestiales palabras
que duermen en los troncos, en nubes, en tortugas,
en los perros dormidos, en el plomo, en el viento,
en lirios que no duermen, en aguas que no copian,
para que aprendas, hijo, lo que tu pueblo olvida.

Cuando empiece el tumulto de la guerra

dejaré un pedazo de queso para tu perro en la oficina.
Tus diez años serán las hojas
que vuelan en los trajes de los muertos,
diez rosas de azufre débil
en el hombro de mi madrugada.
Y yo, Staton, yo solo, en olvido,
con tus caras marchitas sobre mi boca,
iré penetrando a voces las verdes estatuas de la Malaria.

Vaca

A Luis Lacasa

Se tendió la vaca herida;
árboles y arroyos trepaban por sus cuernos.
Su hocico sangraba en el cielo.

Su hocico de abejas
bajo el bigote lento de la baba.
Un alarido blanco puso en pie la mañana.

Las vacas muertas y las vivas,
rubor de luz o miel de establo,
balaban con los ojos entornados.

Que se enteren las raíces
y aquel niño que afila su navaja
de que ya se pueden comer la vaca.

  palidecen
luces y yugulares.
Cuatro pezuñas tiemblan en el aire.

Que se entere la luna
y esa noche de rocas amarillas:
que ya se fue la vaca de ceniza.

Que ya se fue balando
por el derribo de los cielos yertos
donde meriendan muerte los borrachos.

77

Niña ahogada en el pozo

Granada y Newburg

Las estatuas sufren por los ojos con la oscuridad de los
ataúdes,
pero sufren mucho más por el agua que no desemboca.
Que no desemboca.

El pueblo corría por las almenas rompiendo las cañas de
los pescadores.
¡Pronto! ¡Los bordes! ¡De prisa! Y croaban las estrellas
tiernas.
... que no desemboca.

Tranquila en mi recuerdo, astro, círculo, meta,
lloras por las orillas de un ojo de caballo.
... que no desemboca.

Pero nadie en lo oscuro podrá darte distancias,
sin afilado límite, porvenir de diamante.
... que no desemboca.

Mientras la gente busca silencios de almohada
tú lates para siempre definida en tu anillo.
... que no desemboca.

Eterna en los finales de unas ondas que aceptan
combate de raíces y soledad prevista.
... que no desemboca.

¡Ya vienen por las rampas! ¡Levántate del agua!
¡Cada punto de luz te dará una cadena!
... que no desemboca.

Pero el pozo te alarga manecitas de musgo,
insospechada ondina de su casta ignorancia.
... que no desemboca.

No, que no desemboca. Agua fija en un punto,
respirando con todos sus violines sin cuerdas
en la escala de las heridas y los edificios deshabitados.

¡Agua que no desemboca!

VI. Introducción a la muerte

Poemas de la soledad en Vermont

Para Rafael Sánchez Ventura

Muerte

A Luis de la Serna

¡Qué esfuerzo!
¡Qué esfuerzo del caballo por ser perro!
¡Qué esfuerzo del perro por ser golondrina!
¡Qué esfuerzo de la golondrina por ser abeja!
¡Qué esfuerzo de la abeja por ser caballo!
Y el caballo,
¡qué flecha aguda exprime de la rosa!,
¡qué rosa gris levanta de su belfo!
Y la rosa,
¡qué rebaño de luces y alaridos
ata en el vivo azúcar de su tronco!
Y el azúcar,
¡qué puñalitos sueña en su vigilia!;
y los puñales,
¡qué luna sin establos, qué desnudos!,
piel eterna y rubor, andan buscando.
Y yo, por los aleros,
¡qué serafín de llamas busco y soy!
Pero el arco de yeso,
¡qué grande, qué invisible, qué diminuto!,
sin esfuerzo.

Nocturno del hueco

I

Para ver que todo se ha ido,
para ver los huecos y los vestidos,
¡dame tu guante de luna,
tu otro guante perdido en la hierba,
amor mío!

Puede el aire arrancar los caracoles
muertos sobre el pulmón del elefante
y soplar los gusanos ateridos
de las yemas de luz o las manzanas.

Los rostros bogan impasibles
bajo el diminuto griterío de las yerbas
y en el rincón está el pechito de la rana
turbio de corazón y mandolina.

En la gran plaza desierta
mugía la bovina cabeza recién cortada
y eran duro cristal definitivo
las formas que buscaban el giro de la sierpe.

Para ver que todo se ha ido
dame tu mudo hueco, ¡amor mío!
Nostalgia de academia y cielo triste.
¡Para ver que todo se ha ido!

Dentro de ti, amor mío, por tu carne,

¡qué silencio de trenes boca arriba!,
¡cuánto brazo de momia florecido!,
¡qué cielo sin salida, amor, qué cielo!

Es la piedra en el agua y es la voz en la brisa
bordes de amor que escapan de su tronco sangrante.
Basta tocar el pulso de nuestro amor presente
para que broten flores sobre los otros niños.

Para ver que todo se ha ido.
Para ver los huecos de nubes y ríos.
Dame tus manos de laurel, amor.
¡Para ver que todo se ha ido!

Ruedan los huecos puros, por mí, por ti, en el alba
conservando las huellas de las ramas de sangre
y algún perfil de yeso tranquilo que dibuja
instantáneo dolor de luna apuntillada.

Mira formas concretas que buscan su vacío.
Perros equivocados y manzanas mordidas.
Mira el ansia, la angustia de un triste mundo fósil
que no encuentra el acento de su primer sollozo.

Cuando busco en la cama los rumores del hilo
has venido, amor mío, a cubrir mi tejado.
El hueco de una hormiga puede llenar el aire,
pero tú vas gimiendo sin norte por mis ojos.

No, por mis ojos no, que ahora me enseñas
cuatro ríos ceñidos en tu brazo,
en la dura barraca donde la luna prisionera

devora a un marinero delante de los niños.

Para ver que todo se ha ido
¡amor inexpugnable, amor huido!
No, no me des tu hueco,
¡que ya va por el aire el mío!
¡Ay de ti, ay de mí, de la brisa!
Para ver que todo se ha ido.

II
    Yo.
Con el hueco blanquísimo de un caballo,
crines de ceniza. Plaza pura y doblada.

    Yo.
Mi hueco traspasado con las axilas rotas.
Piel seca de uva neutra y amianto de madrugada.

    Toda la luz del mundo cabe dentro de un ojo.
    Canta el gallo y su canto dura más que sus alas.

    Yo.
Con el hueco blanquísimo de un caballo.
Rodeado de espectadores que tienen hormigas en las palabras.

    En el circo del frío sin perfil mutilado.
Por los capiteles rotos de las mejillas desangradas.

    Yo.
Mi hueco sin ti, ciudad, sin tus muertos que comen.
Ecuestre por mi vida definitivamente anclada.

Yo.
No hay siglo nuevo ni luz reciente.
Sólo un caballo azul y una madrugada.

Paisaje con dos tumbas y un perro asirio

Amigo,
levántate para que oigas aullar
al perro asirio.
Las tres ninfas del cáncer han estado bailando,
hijo mío.
Trajeron unas montañas de lacre rojo
y unas sábanas duras donde estaba el cáncer dormido.
El caballo tenía un ojo en el cuello
y la luna estaba en un cielo tan frío
que tuvo que desgarrarse su monte de Venus
y ahogar en sangre y ceniza los cementerios antiguos.

Amigo,
despierta, que los montes todavía no respiran
y las hierbas de mi corazón están en otro sitio.
No importa que estés lleno de agua de mar.
Yo amé mucho tiempo a un niño
que tenía una plumilla en la lengua
y vivimos cien años dentro de un cuchillo.
Despierta. Calla. Escucha. Incorpórate un poco.
El aullido
es una larga lengua morada que deja
hormigas de espanto y licor de lirios.
Ya viene hacia la roca. ¡No alargues tus raíces!
Se acerca. Gime. No solloces en sueños, amigo.

¡Amigo!
Levántate para que oigas aullar
al perro asirio.

Ruina

A Regino Sainz de la Maza

Sin encontrarse.
Viajero por su propio torso blanco.
Así iba el aire.

Pronto se vio que la luna
era una calavera de caballo
y el aire una manzana oscura.

Detrás de la ventana,
con látigos y luces, se sentía
la lucha de la arena con el agua.

Yo vi llegar las hierbas
y les eché un cordero que balaba
bajo sus dientecillos y lancetas.

Volaba dentro de una gota
la cáscara de pluma y celuloide
de la primer paloma.

Las nubes, en manada,
se quedaron dormidas contemplando
el duelo de las rocas con el alba.

Vienen las hierbas, hijo;
ya suenan sus espadas de saliva
por el cielo vacío.

Mi mano, amor. ¡Las hierbas!
Por los cristales rotos de la casa
la sangre desató sus cabelleras.

Tú solo y yo quedamos;
prepara tu esqueleto para el aire.
Yo solo y tú quedamos.

Prepara tu esqueleto;
hay que buscar de prisa, amor, de prisa,
nuestro perfil sin sueño.

Luna y panorama de los insectos

Poema de amor

> *La luna en el mar riela,*
> *en la lona gime el viento*
> *y alza en blando movimiento*
> *olas de plata y azul.*
>
> Espronceda

Mi corazón tendría la forma de un zapato
si cada aldea tuviera una sirena.
Pero la noche es interminable cuando se apoya en los enfermos
y hay barcos que buscan ser mirados para poder hundirse
tranquilos.

Si el aire sopla blandamente
mi corazón tiene la forma de una niña.
Si el aire se niega a salir de los cañaverales
mi corazón tiene la forma de una milenaria boñiga de toro.

Bogar, bogar, bogar, bogar,
hacia el batallón de puntas desiguales,
hacia un paisaje de acechos pulverizados.
Noche igual de la nieve, de los sistemas suspendidos.
Y la luna.
¡La luna!
Pero no la luna.
La raposa de las tabernas,
el gallo japonés que se comió los ojos,

las hierbas masticadas.

No nos salvan las solitarias en los vidrios,
ni los herbolarios donde el metafísico
encuentra las otras vertientes del cielo.
Son mentira las formas. Sólo existe
el círculo de bocas del oxígeno.
Y la luna.
Pero no la luna.
Los insectos,
los muertos diminutos por las riberas,
dolor en longitud,
yodo en un punto,
las muchedumbres en el alfiler,
el desnudo que amasa la sangre de todos,
y mi amor que no es un caballo ni una quemadura,
criatura de pecho devorado.
¡Mi amor!

Ya cantan, gritan, gimen: Rostro. ¡Tu rostro! Rostro.
Las manzanas son unas,
las dalias son idénticas,
la luz tiene un sabor de metal acabado
y el campo de todo un lustro cabrá en la mejilla de la moneda.
Pero tu rostro cubre los cielos del banquete.
¡Ya cantan!, ¡gritan!, ¡gimen!,
¡cubren!, ¡trepan!, ¡espantan!

Es necesario caminar, ¡de prisa!, por las ondas, por las
ramas,
por las calles deshabitadas de la Edad Media que bajan al
río,

por las tiendas de las pieles donde suena un cuerno de vaca
herida,
por las escalas, ¡sin miedo!, por las escalas.
Hay un hombre descolorido que se está bañando en el mar;
es tan tierno que los reflectores le comieron jugando el
corazón.
Y en el Perú viven mil mujeres, ¡oh insectos!, que noche y día
hacen nocturnos y desfiles entrecruzando sus propias venas.

Un diminuto guante corrosivo me detiene. ¡Basta!
En mi pañuelo he sentido el tris
de la primera vena que se rompe.
Cuida tus pies, amor mío, ¡tus manos!,
ya que yo tengo que entregar mi rostro,
mi rostro, ¡mi rostro!, ¡ay, mi comido rostro!

Este fuego casto para mi deseo,
esta confusión por anhelo de equilibrio,
este inocente dolor de pólvora en mis ojos,
aliviará la angustia de otro corazón
devorado por las nebulosas.

No nos salva la gente de las zapaterías,
ni los paisajes que se hacen música al encontrar las llaves
oxidadas.
Son mentira los aires. Sólo existe
una cunita en el desván
que recuerda todas las cosas.
Y la luna.
Pero no la luna.
Los insectos,
los insectos solos,

crepitantes, mordientes, estremecidos, agrupados,
y la luna
con un guante de humo sentada en la puerta de sus derribos.
¡¡La luna!!

New York, 4 de enero de 1930.

VII. Vuelta a la ciudad

Para Antonio Hernández Soriano

New York

Oficina y denuncia

A Fernando Vela

    Debajo de las multiplicaciones
hay una gota de sangre de pato;
debajo de las divisiones
hay una gota de sangre de marinero;
debajo de las sumas, un río de sangre tierna.
Un río que viene cantando
por los dormitorios de los arrabales,
y es plata, cemento o brisa
en el alba mentida de New York.
Existen las montañas. Lo sé.
Y los anteojos para la sabiduría.
Lo sé. Pero yo no he venido a ver el cielo.
Yo he venido para ver la turbia sangre.
La sangre que lleva las máquinas a las cataratas
y el espíritu a la lengua de la cobra.
Todos los días se matan en New York
cuatro millones de patos,
cinco millones de cerdos,
dos mil palomas para el gusto de los agonizantes,
un millón de vacas,
un millón de corderos
y dos millones de gallos,
que dejan los cielos hechos añicos.
Más vale sollozar afilando la navaja
o asesinar a los perros

en las alucinantes cacerías,
que resistir en la madrugada
los interminables trenes de leche,
los interminables trenes de sangre
y los trenes de rosas maniatadas
por los comerciantes de perfumes.
Los patos y las palomas,
y los cerdos y los corderos
ponen sus gotas de sangre
debajo de las multiplicaciones,
y los terribles alaridos de las vacas estrujadas
llenan de dolor el valle
donde el Hudson se emborracha con aceite.
Yo denuncio a toda la gente
que ignora la otra mitad,
la mitad irredimible
que levanta sus montes de cemento
donde laten los corazones
de los animalitos que se olvidan
y donde caeremos todos
en la última fiesta de los taladros.
Os escupo en la cara.
La otra mitad me escucha
devorando, orinando, volando, en su pureza
como los niños de las porterías
que llevan frágiles palitos
a los huecos donde se oxidan
las antenas de los insectos.
No es el infierno, es la calle.
No es la muerte, es la tienda de frutas.
Hay un mundo de ríos quebrados
y distancias inasibles

en la patita de ese gato
quebrada por el automóvil,
y yo oigo el canto de la lombriz
en el corazón de muchas niñas.
Óxido, fermento, tierra estremecida.
Tierra tú mismo que nadas
por los números de la oficina.
¿Qué voy a hacer? ¿Ordenar los paisajes?
¿Ordenar los amores que luego son fotografías,
que luego son pedazos de madera
y bocanadas de sangre?
San Ignacio de Loyola
asesinó un pequeño conejo
y todavía sus labios gimen
por las torres de las iglesias.
No, no, no, no; yo denuncio.
Yo denuncio la conjura
de estas desiertas oficinas
que no radian las agonías,
que borran los programas de la selva,
y me ofrezco a ser comido
por las vacas estrujadas
cuando sus gritos llenan el valle
donde el Hudson se emborracha con aceite.

Cementerio judío

Las alegres fiebres huyeron a las maromas de los barcos
y el judío empujó la verja con el pudor helado del interior
de la lechuga.

Los niños de Cristo dormían,
y el agua era una paloma,
y la madera era una garza,
y el plomo era un colibrí,
y aun las vivas prisiones de fuego
estaban consoladas por el salto de la langosta.

Los niños de Cristo bogaban y los judíos llenaban los muros
con un solo corazón de paloma
por el que todos querían escapar.
Las niñas de Cristo cantaban y las judías miraban la muerte
con un solo ojo de faisán,
vidriado por la angustia de un millón de paisajes.

Los médicos ponen en el níquel sus tijeras y guantes de
goma
cuando los cadáveres sienten en los pies
la terrible claridad de otra luna enterrada.
Pequeños dolores ilesos se acercan a los hospitales
y los muertos se van quitando un traje de sangre cada día.

Las arquitecturas de escarcha,
las liras y gemidos que se escapan de las hojas diminutas
en otoño, mojando las últimas vertientes,
se apagaban en el negro de los sombreros de copa.

La hierba celeste y sola de la que huye con miedo el rocío
y las blancas entradas de mármol que conducen al aire duro
mostraban su silencio roto por las huellas dormidas de los
zapatos.

El judío empujó la verja;
pero el judío no era un puerto,
y las barcas de nieve se agolparon
por las escalerillas de su corazón:
las barcas de nieve que acechan
un hombre de agua que las ahogue,
las barcas de los cementerios
que a veces dejan ciegos a los visitantes.

Los niños de Cristo dormían
y el judío ocupó su litera.
Tres mil judíos lloraban en el espanto de las galerías
porque reunían entre todos con esfuerzo media paloma,
porque uno tenía la rueda de un reloj
y otro un botín con orugas parlantes
y otro una lluvia nocturna cargada de cadenas
y otro la uña de un ruiseñor que estaba vivo;
y porque la media paloma gemía
derramando una sangre que no era la suya.

Las alegres fiebres bailaban por las cúpulas humedecidas
y la luna copiaba en su mármol
nombres viejos y cintas ajadas.
Llegó la gente que come por detrás de las yertas columnas
y los asnos de blancos dientes
con los especialistas de las articulaciones.

Verdes girasoles temblaban
por los páramos del crepúsculo
y todo el cementerio era una queja
de bocas de cartón y trapo seco.
Ya los niños de Cristo se dormían
cuando el judío, apretando los ojos,
se cortó las manos en silencio
al escuchar los primeros gemidos.

New York, 18 de enero de 1930.

VIII. Dos odas

A mi editor Armando Guibert

Grito hacia Roma

Desde la torre del Chrysler Building

   Manzanas levemente heridas
por finos espadines de plata,
nubes rasgadas por una mano de coral
que lleva en el dorso una almendra de fuego,
peces de arsénico como tiburones,
tiburones como gotas de llanto para cegar una multitud,
rosas que hieren
y agujas instaladas en los caños de la sangre,
mundos enemigos y amores cubiertos de gusanos
caerán sobre ti. Caerán sobre la gran cúpula
que untan de aceite las lenguas militares
donde un hombre se orina en una deslumbrante paloma
y escupe carbón machacado
rodeado de miles de campanillas.

   Porque ya no hay quien reparta el pan ni el vino,
ni quien cultive hierbas en la boca del muerto,
ni quien abra los linos del reposo,
ni quien llore por las heridas de los elefantes.
No hay más que un millón de herreros
forjando cadenas para los niños que han de venir.
No hay más que un millón de carpinteros
que hacen ataúdes sin cruz.
No hay más que un gentío de lamentos
que se abren las ropas en espera de la bala.
El hombre que desprecia la paloma debía hablar,
debía gritar desnudo entre las columnas,

y ponerse una inyección para adquirir la lepra
y llorar un llanto tan terrible
que disolviera sus anillos y sus teléfonos de diamante.
Pero el hombre vestido de blanco
ignora el misterio de la espiga,
ignora el gemido de la parturienta,
ignora que Cristo puede dar agua todavía,
ignora que la moneda quema el beso de prodigio
y da la sangre del cordero al pico idiota del faisán.

Los maestros enseñan a los niños
una luz maravillosa que viene del monte;
pero lo que llega es una reunión de cloacas
donde gritan las oscuras ninfas del cólera.
Los maestros señalan con devoción las enormes cúpulas
sahumadas;
pero debajo de las estatuas no hay amor,
no hay amor bajo los ojos de cristal definitivo.
El amor está en las carnes desgarradas por la sed,
en la choza diminuta que lucha con la inundación;
el amor está en los fosos donde luchan las sierpes del hambre,
en el triste mar que mece los cadáveres de las gaviotas
y en el oscurísimo beso punzante debajo de las almohadas.
Pero el viejo de las manos traslúcidas
dirá: Amor, amor, amor,
aclamado por millones de moribundos;
dirá: amor, amor, amor,
entre el tisú estremecido de ternura;
dirá: paz, paz, paz,
entre el tirite de cuchillos y melones de dinamita;
dirá: amor, amor, amor,
hasta que se le pongan de plata los labios.

    Mientras tanto, mientras tanto ¡ay!, mientras tanto,
los negros que sacan las escupideras,
los muchachos que tiemblan bajo el terror pálido de los
directores,
las mujeres ahogadas en aceites minerales,
la muchedumbre de martillo, de violín o de nube,
ha de gritar aunque le estrellen los sesos en el muro,
ha de gritar frente a las cúpulas,
ha de gritar loca de fuego,
ha de gritar loca de nieve,
ha de gritar con la cabeza llena de excremento,
ha de gritar como todas las noches juntas,
ha de gritar con voz tan desgarrada
hasta que las ciudades tiemblen como niñas
y rompan las prisiones del aceite y la música,
porque queremos el pan nuestro de cada día,
flor de aliso y perenne ternura desgranada,
porque queremos que se cumpla la voluntad de la Tierra
que da sus frutos para todos.

Oda a Walt Whitman

Por el East River y el Bronx,
los muchachos cantaban enseñando sus cinturas,
con la rueda, el aceite, el cuero y el martillo.
Noventa mil mineros sacaban la plata de las rocas
y los niños dibujaban escaleras y perspectivas.

Pero ninguno se dormía,
ninguno quería ser el río,
ninguno amaba las hojas grandes,
ninguno la lengua azul de la playa.

Por el East River y el Queensborough
los muchachos luchaban con la industria,
y los judíos vendían al fauno del río
la rosa de la circuncisión
y el cielo desembocaba por los puentes y los tejados
manadas de bisontes empujadas por el viento.

Pero ninguno se detenía,
ninguno quería ser nube,
ninguno buscaba los helechos
ni la rueda amarilla del tamboril.

Cuando la luna salga
las poleas rodarán para tumbar el cielo;
un límite de agujas cercará la memoria
y los ataúdes se llevarán a los que no trabajan.

Nueva York de cieno,

Nueva York de alambre y de muerte.
¿Qué ángel llevas oculto en la mejilla?
¿Qué voz perfecta dirá las verdades del trigo?
¿Quién el sueño terrible de tus anémonas manchadas?

Ni un solo momento, viejo hermoso Walt Whitman,
he dejado de ver tu barba llena de mariposas,
ni tus hombros de pana gastados por la luna,
ni tus muslos de Apolo virginal,
ni tu voz como una columna de ceniza;
anciano hermoso como la niebla
que gemías igual que un pájaro
con el sexo atravesado por una aguja,
enemigo del sátiro,
enemigo de la vid
y amante de los cuerpos bajo la burda tela.
Ni un solo momento, hermosura viril
que en montes de carbón, anuncios y ferrocarriles,
soñabas ser un río y dormir como un río
con aquel camarada que pondría en tu pecho
un pequeño dolor de ignorante leopardo.

Ni un solo momento, Adán de sangre, macho,
hombre solo en el mar, viejo hermoso Walt Whitman,
porque por las azoteas,
agrupados en los bares,
saliendo en racimos de las alcantarillas,
temblando entre las piernas de los chauffeurs
o girando en las plataformas del ajenjo,
los maricas, Walt Whitman, te soñaban.

¡También ése! ¡También! Y se despeñan

sobre tu barba luminosa y casta,
rubios del norte, negros de la arena,
muchedumbres de gritos y ademanes,
como gatos y como las serpientes,
los maricas, Walt Whitman, los maricas
turbios de lágrimas, carne para fusta,
bota o mordisco de los domadores.

¡También ése! ¡También! Dedos teñidos
apuntan a la orilla de tu sueño
cuando el amigo come tu manzana
con un leve sabor de gasolina
y el sol canta por los ombligos
de los muchachos que juegan bajo los puentes.

Pero tú no buscabas los ojos arañados,
ni el pantano oscurísimo donde sumergen a los niños,
ni la saliva helada,
ni las curvas heridas como panza de sapo
que llevan los maricas en coches y terrazas
mientras la luna los azota por las esquinas del terror.

Tú buscabas un desnudo que fuera como un río,
toro y sueño que junte la rueda con el alga,
padre de tu agonía, camelia de tu muerte,
y gimiera en las llamas de tu ecuador oculto.

Porque es justo que el hombre no busque su deleite
en la selva de sangre de la mañana próxima.
El cielo tiene playas donde evitar la vida
y hay cuerpos que no deben repetirse en la aurora.

Agonía, agonía, sueño, fermento y sueño.
Éste es el mundo, amigo, agonía, agonía.
Los muertos se descomponen bajo el reloj de las ciudades,
la guerra pasa llorando con un millón de ratas grises,
los ricos dan a sus queridas
pequeños moribundos iluminados,
y la vida no es noble, ni buena, ni sagrada.

Puede el hombre, si quiere, conducir su deseo
por vena de coral o celeste desnudo.
Mañana los amores serán rocas y el Tiempo
una brisa que viene dormida por las ramas.

Por eso no levanto mi voz, viejo Walt Whitman,
contra el niño que escribe
nombre de niña en su almohada,
ni contra el muchacho que se viste de novia
en la oscuridad del ropero,
ni contra los solitarios de los casinos
que beben con asco el agua de la prostitución,
ni contra los hombres de mirada verde
que aman al hombre y queman sus labios en silencio.
Pero sí contra vosotros, maricas de las ciudades,
de carne tumefacta y pensamiento inmundo,
madres de lodo, arpías, enemigos sin sueño
del Amor que reparte coronas de alegría.

Contra vosotros siempre, que dais a los muchachos
gotas de sucia muerte con amargo veneno.
Contra vosotros siempre,
Faeries de Norteamérica,
Pájaros de la Habana,

Jotos de Méjico,
Sarasas de Cádiz,
Apios de Sevilla,
Cancos de Madrid,
Floras de Alicante,
Adelaidas de Portugal.

¡Maricas de todo el mundo, asesinos de palomas!
Esclavos de la mujer, perras de sus tocadores,
abiertos en las plazas con fiebre de abanico
o emboscados en yertos paisajes de cicuta.

¡No haya cuartel! La muerte
mana de vuestros ojos
y agrupa flores grises en la orilla del cieno.
¡No haya cuartel! ¡Alerta!
Que los confundidos, los puros,
los clásicos, los señalados, los suplicantes
os cierren las puertas de la bacanal.

Y tú, bello Walt Whitman, duerme a orillas del Hudson
con la barba hacia el polo y las manos abiertas.
Arcilla blanda o nieve, tu lengua está llamando
camaradas que velen tu gacela sin cuerpo.
Duerme, no queda nada.
Una danza de muros agita las praderas
y América se anega de máquinas y llanto.
Quiero que el aire fuerte de la noche más honda
quite flores y letras del arco donde duermes
y un niño negro anuncie a los blancos del oro
la llegada del reino de la espiga.

IX. Huida de Nueva York

Dos valses hacia la civilización

Pequeño vals vienés

En Viena hay diez muchachas,
un hombro donde solloza la muerte
y un bosque de palomas disecadas.
Hay un fragmento de la mañana
en el museo de la escarcha.
Hay un salón con mil ventanas.
    ¡Ay, ay, ay, ay!
Toma este vals con la boca cerrada.

Este vals, este vals, este vals,
de sí, de muerte y de coñac
que moja su cola en el mar.

Te quiero, te quiero, te quiero,
con la butaca y el libro muerto,
por el melancólico pasillo,
en el oscuro desván del lirio,
en nuestra cama de la luna
y en la danza que sueña la tortuga.
    ¡Ay, ay, ay, ay!
Toma este vals de quebrada cintura.

En Viena hay cuatro espejos
donde juegan tu boca y los ecos.
Hay una muerte para piano
que pinta de azul a los muchachos.
Hay mendigos por los tejados.
Hay frescas guirnaldas de llanto.
    ¡Ay, ay, ay, ay!

Toma este vals que se muere en mis brazos.

　Porque te quiero, te quiero, amor mío,
en el desván donde juegan los niños,
soñando viejas luces de Hungría
por los rumores de la tarde tibia,
viendo ovejas y lirios de nieve
por el silencio oscuro de tu frente.
　　¡Ay, ay, ay, ay!
Tomo este vals del «Te quiero siempre».

　En Viena bailaré contigo
con un disfraz que tenga
cabeza de río.
¡Mira qué orillas tengo de jacintos!
Dejaré mi boca entre tus piernas,
mi alma en fotografías y azucenas,
y en las ondas oscuras de tu andar
quiero, amor mío, amor mío, dejar,
violín y sepulcro, las cintas del vals.

Vals en las ramas

    Cayó una hoja
y dos
y tres.
Por la luna nadaba un pez.
El agua duerme una hora
y el mar blanco duerme cien.
La dama
estaba muerta en la rama.
La monja
cantaba dentro de la toronja.
La niña
iba por el pino a la piña.
Y el pino
buscaba la plumilla del trino.
Pero el ruiseñor
lloraba sus heridas alrededor.
Y yo también
porque cayó una hoja
y dos
y tres.
Y una cabeza de cristal
y un violín de papel
y la nieve podría con el mundo
una a una
dos a dos
y tres a tres.
¡Oh duro marfil de carnes invisibles!
¡Oh golfo sin hormigas del amanecer!
Con el numen de las ramas,

con el ay de las damas,
con el croo de las ranas,
y el geo amarillo de la miel.
Llegará un torso de sombra
coronado de laurel.
Será el cielo para el viento
duro como una pared
y las ramas desgajadas
se irán bailando con él.
Una a una
alrededor de la luna,
dos a dos
alrededor del sol,
y tres a tres
para que los marfiles se duerman bien.

X. El poeta llega a La Habana

A don Fernando Ortiz

Son de negros en Cuba

Cuando llegue la luna llena,
iré a Santiago de Cuba,
iré a Santiago
en un coche de aguas negras.
Iré a Santiago.
Cantarán los techos de palmera.
Iré a Santiago.
Cuando la palma quiere ser cigüeña.
Iré a Santiago.
Y cuando quiere ser medusa el plátano.
Iré a Santiago.
Con la rubia cabeza de Fonseca.
Iré a Santiago.
Y con el rosal de Romeo y Julieta.
Iré a Santiago.
Mar de papel y plata de monedas.
Iré a Santiago.
¡Oh Cuba! ¡Oh ritmo de semillas secas!
Iré a Santiago.
¡Oh cintura caliente y gota de madera!
Iré a Santiago.
¡Arpa de troncos vivos, caimán, flor de tabaco!
Iré a Santiago.
Siempre dije que yo iría a Santiago
en un coche de agua negra.
Iré a Santiago.
Brisa y alcohol en las ruedas.
Iré a Santiago.
Mi coral en la tiniebla.

Iré a Santiago.
El mar ahogado en la arena.
Iré a Santiago.
Calor blanco. Fruta muerta.
Iré a Santiago.
¡Oh bovino frescor de cañavera!
Iré a Santiago.

Pequeño poema infinito

Para Luis Cardoza y Aragón

Equivocar el camino
es llegar a la nieve
y llegar a la nieve
es pacer durante veinte siglos las hierbas de los cementerios.

Equivocar el camino
es llegar a la mujer,
la mujer que no teme la luz,
la mujer que mata dos gallos en un segundo,
la luz que no teme a los gallos
y los gallos que no saben cantar sobre la nieve.

Pero si la nieve se equivoca de corazón
puede llegar el viento Austro
y como el aire no hace caso de los gemidos
tendremos que pacer otra vez las hierbas de los cementerios.

Yo vi dos dolorosas espigas de cera
que enterraban un paisaje de volcanes
y vi dos niños locos que empujaban llorando las pupilas de
un asesino.

Pero el dos no ha sido nunca un número
porque es una angustia y su sombra,
porque es la guitarra donde el amor se desespera,
porque es la demostración de otro infinito que no es suyo
y es las murallas del muerto

y el castigo de la nueva resurrección sin finales.
Los muertos odian el número dos,
pero el número dos adormece a las mujeres
y como la mujer teme la luz
la luz tiembla delante de los gallos
y los gallos sólo saben volar sobre la nieve
tendremos que pacer sin descanso las hierbas de los
cementerios.

New York, 10 de enero de 1930.

[La luna pudo detenerse al fin]

   La luna pudo detenerse al fin por la curva blanquísima de
los caballos.
Un rayo de luz violeta que se escapaba de la herida
proyectó en el cielo el instante de la circuncisión de un niño
muerto.

   La sangre bajaba por el monte y los ángeles la buscaban,
pero los cálices eran de viento y al fin llenaba los zapatos.
Cojos perros fumaban sus pipas y un olor de cuero caliente
ponía grises los labios redondos de los que vomitaban en las
esquinas.
Y llegaban largos alaridos por el Sur de la noche seca.
Era que la luna quemaba con sus bujías el falo de los caballos.
Un sastre especialista en púrpura
había encerrado a las tres santas mujeres
y les enseñaba una calavera por los vidrios de la ventana.
Las tres en el arrabal rodeaban a un camello blanco
que lloraba porque el alba
tenía que pasar sin remedio por el ojo de una aguja.
¡Oh cruz! ¡Oh clavos! ¡Oh espina!
¡Oh espina clavada en el hueso hasta que se oxiden los
planetas!
Como nadie volvía la cabeza, el cielo pudo desnudarse.
Entonces se oyó la gran voz y los fariseos dijeron:
Esa maldita vaca tiene las tetas llenas de leche.
La muchedumbre cerraba las puertas
y la lluvia bajaba por las calles decidida a mojar el corazón
mientras la tarde se puso turbia de latidos y leñadores

y la oscura ciudad agonizaba bajo el martillo de los
carpinteros.

  Esa maldita vaca
tiene las tetas llenas de perdigones,
dijeron los fariseos.
Pero la sangre mojó sus pies y los espíritus inmundos
estrellaban ampollas de lagunas sobre las paredes del templo.
Se supo el momento preciso de la salvación de nuestra vida.
Porque la luna lavó con agua
las quemaduras de los caballos
y no la niña viva que callaron en la arena.
Entonces salieron los fríos cantando sus canciones
y las ranas encendieron sus lumbres en la doble orilla del río.
Esa maldita vaca, maldita, maldita, maldita
no nos dejará dormir, dijeron los fariseos,
y se alejaron a sus casas por el tumulto de la calle
dando empujones a los borrachos y escupiendo sal de los
sacrificios
mientras la sangre los seguía con un balido de cordero.

  Fue entonces
y la tierra despertó arrojando temblorosos ríos de polilla.

New York, 18 de octubre de 1929.

Fin de Poeta en Nueva York

9 788490 070345